ROSSINI À PARIS,

ou

LE GRAND DINER,

A-PROPOS-VAUDEVILLE EN UN ACTE,

Par MM. SCRIBE et MAZÈRES;

REPRÉSENTÉ POUR LA PREMIÈRE FOIS SUR LE THÉATRE DU GYMNASE DRAMATIQUE, LE 29 NOVEMBRE 1823.

PRIX : 1 fr. 50 cent.

PARIS,

POLLET, LIBRAIRE-ÉDITEUR DE PIÈCES DE THÉATRE, RUE DU TEMPLE, N. 36, VIS-A-VIS CELLE CHAPON.

1823.

PERSONNAGES.	ACTEURS.
GIRAUD............	M. Prudent.
TROMBONINI, amateur.....	M. Ferville.
TROTTFORT............	M. Émile.
BONNEFOI, bourgeois de Paris.	M. Armand.
BIFFTEAKINI, aubergiste....	M. Bernard-Léon.
MADELEINE, sa fille.......	Mlle. Déjazet.

La scène se passe près la barrière de Charenton.

NOTA. S'adresser pour la musique de cette pièce et celle de tous les ouvrages représentés sur le Théâtre du Gymnase, à M. Théodore, Bibliothécaire et copiste, au Gymnase.

Vu au ministère de l'intérieur, conformément à la décision de S. Ex. en date de ce jour.

   Paris, le 9 Novembre 1823.
  Par ordre de Son Excellence,
Le chef adjoint au bureau des théâtres.
    COUPART.

De l'Imprimerie de DAVID, rue du Faubourg Poissonnière, n. 1.

ROSSINI A PARIS,

OU

LE GRAND DINER,

A-PROPOS-VAUDEVILLE EN UN ACTE.

SCÈNE PREMIÈRE.

TROMBONINI, BONNEFOI, Amateurs.

TOUS.

Air du Calif.

Amis, que tout s'apprête
Avec activité !
C'est aujourd'hui la fête
De l'hospitalité.

BONNEFOI.

Vous êtes donc sûr qu'il arrivera?

TROMBONINI.

Certainement... j'en suis sûr !

Air de Léonce.

En venant parmi les Français,
Il n'a pas changé de patrie,
Et chez nous son brillant génie
A trouvé les mêmes succès !
Empressés à lui rendre hommage,
Nous répétons ses airs charmans,
A la ville comme au village,
Il les entend sur son passage...
Et partout ses nombreux enfans
Sont ses compagnons de voyage.

BONNEFOI.

Enfin nous allons donc le voir! Au fait, son séjour à Paris sera très-agréable pour tout le monde.

TROMBONINI.

Comment, agréable! il sera utile... et très-utile! Quel est celui qui ne dit pas comme moi!...

Air : *Tra la la.*

Rossini, (*bis*)
Toi que j'implore aujourd'hui,
Rossini,
Pourquoi n'es-tu pas ici !
Sous tes accords enchanteurs
On n'entend pas les chanteurs !
C'est pour ça
Qu'à l'Opéra
Le parterre te dira:
Rossini....., etc.

Par lui l'on n'entend jamais
La prose ni les couplets....
A maint ouvrage nouveau,
Souvent on dit à Feydeau,
Rossini... etc.

Partout son nom glorieux
Attire un public nombreux...
Aussi chaque soir, dit-on,
On répète à l'Odéon,
Rossini,
Toi que j'implore aujourd'hui,
Rossini,
Pourquoi n'es-tu pas ici ?

Tout le monde répète en chœur ce dernier refrain.

SCENE II.

Les Mêmes, TROTTFORT.

Eh bien... mes amis... cela va-t-il?... cela avance-t-il?... Où en sommes-nous?

TROMBONINI.

Et vous, M. Trottfort... avez-vous des nouvelles...

TROTTFORT.

Eh !... M. Trombonini... j'ai vu le monde... j'ai couru partout... l'enthousiasme m'a donné des jambes ! il aurait bien dû me donner une voiture, car je n'en puis plus !... Enfin, ce qu'il y a de certain, c'est qu'il arrive aujourd'hui, entre midi et une heure, par cette barrière...

TROMBONINI.

Che gusto ! che piacer ! quel beau jour pour les arts... Vous le savez... les arts, les beaux arts, moi, je ne connais que ça !

TROTTFORT.

Mes amis... ce que vous ne croirez jamais, c'est qu'il doit arriver incognito ! aussi modeste que spirituel, il veut se soustraire au triomphe que nous lui préparons...

TROMBONINI.

Comment !... il ne veut pas entendre nos vers !...

TROTTFORT.

Non... mes amis...

BONNEFOI.

Voyez-vous, ces Italiens... comme ils sont malins...

TROMBONINI.

Celui-là surtout !... on dit bien qu'il n'est pas bête !...

TROTTFORT.

Oui... Mais nous !... nous sommes là !... Et, il faudra bien qu'il subisse nos complimens et notre musique !... Vous savez que j'ai pris à ferme l'administration générale des fêtes de l'amitié, fêtes de la reconnaissance, fête des beaux-arts, etc., etc... on ne voit que cela sur mes transparens... Moi... je suis partout...

TROMBONINI.

Ah ça!... et les billet d'invitation.

TROTTFRORT.

Je les ai placés... et bien placés...

Air : *Un homme pour faire*, etc.

Voulant que tout fut pour le mieux,
Je me suis nommé commissaire;
Et de ce banquet glorieux,
J'ai d'abord chassé le vulgaire.
Par un calcul sage et prudent,
Nous ne verrons à cette fête
Que des gens du plus grand talent,
A raison de vingt francs par tête!

Le plus étonnant, c'est qu'il m'en reste encore.

TROMBONINI.

O ingratitude du siècle!... L'Amphion moderne, l'Orphée européen, le Dieu de la musique! un homme qui arrive d'Italie!... Il faut être bien mauvais Français... et surtout bien peu aimer les arts...

TROTTFORT.

N'avez-vous pas donné un billet à ce jeune homme que j'ai vu causer ce matin avec vous? ce doit être un amateur.

TROMBONINI.

Du tout!... C'est un compositeur français, qui commence et qui voudrait m'emprunter de l'argent... Vous sentez que je l'ai laissé pour arriver ici et vite, vite... parce que les arts, les beaux-arts, moi, je ne connais que ça! chef d'une administration particulière, je protège les artistes de tout mon crédit... Et dès qu'il y a une place vacante, elle est pour eux! Encore hier, deux chanteurs allemands que j'ai mis à la rédaction des dépêches... ils chantent la *Tyrolienne* d'une manière... oh! vous les entendrez! c'est à n'y pas tenir...

BONNEFOI.

Ça vous fera deux bons expéditionnaires.

TROTTFORT.

Ah ça! et vous... messieurs... j'espère que vous n'avez pas perdu votre temps...

BONNEFOI.

Moi... je ne me suis chargé de rien ; je suis de planton à toutes les ovations littéraires ou autres, mais, quel que soit le héros de la cérémonie, j'arrive toujours avec une admiration toute parfaite, et je ne me mêle de rien... que d'applaudir et de crier bravo! Je suis une enthousiaste à la suite...

AIR : *Le choix que fait le village.*

Partout spectateur bénévole,
Au moindre signe j'obéis,
Et tour à tour changeant de rôle,
A volonté je pleure ou bien je ris!
J'aime à prouver que la gloire m'est chère!
Les artistes sont mes amis....
Et l'on m'a vu jusqu'au tombeau, naguère,
Suivre en pleurant le chien de Montargis.

TROMBONINI.

Et les accessoires indispensable... la couronne!...

TROTTFORT.

La voici... Je l'ai apportée avec moi...

BONNEFOI.

Ah ça ! qu'est-ce que vous nous donnez donc là?... Elle à déjà servi...

TROTTFORT.

Que voulez-vous! on ne peut plus en trouver !... on en consomme tant dans Paris et dans les départemens. Les acteurs qui partent, les étrangers qui arrivent ! s'il en fallait toujours de nouvelles, on ne s'y retrouverait pas !... Aussi nous avons adopté le système des couronnes élastiques, qui, comme celle-ci, vont à toutes les têtes!...

Air *de l'Écu de six francs.*

Du cintre au jour de bénéfices,
On la jette sur les actrices,
On la jette sur les acteurs,
Souvent même sur les auteurs!
TROMBONINI.
Sa gloire me paraît caduque!
J'y vois de la poudre... mon cher..
TROTTFORT.
Elle sera tombée hier
Sur quelques têtes à perruque!

Nous en avons en magasin qui ont servi depuis le triomphe de Trajan, jusqu'à l'apothéose de Polichinelle...

SCÈNE III.

Les Mêmes, BIFFTEAKINI.

TROTTFORT.
Mais, voici notre maître-d'hôtel, M. Biffteakini.

BIFFTEAKINI.
Eh bien... messieurs... on dit qu'il arrive!... tant mieux; car mes sauces languissent, mes entrées n'ont plus d'accord, mes coulis ne sont plus en harmonie, et je crains de manquer le final...

TROMBONINI.
Voilà le seul homme chez qui j'aime à dîner!... Un cuisinier mélomane!... admirateur de Rossini...

BIFFTEAKINI.
Et, élève de Véry! encore un Italien celui-là! Nous lui devons de fameuses compositions! quand je pense à ce dîner! quelle gloire pour mon restaurant! quel honneur pour mon salon de deux cents couverts!

Air *de Préville et Taconnet.*

De Rossini partisan fanatique,
J'aime à chanter ses airs et ses rondeaux,
Tous ses finals ont un pouvoir magique;
Leur souvenir me suit jusqu'aux fourneaux.

Maître divin ! Ah ! combien tu me touches,
Humble traiteur j'admire ton talent ;
Et je l'envie en un point seulement,
C'est que ton nom remplit toutes les bouches,
Et que mon art n'en peut pas faire autant.

Et qu'est-ce qui a eu l'idée de ce dîner... c'est moi ! Je vous ai dit : messieurs, comment le fêter ! en lui donnant à dîner ! qu'est-ce qui flatte les grandes réputations ? c'est un dîner ! souvent même qu'est-ce qui les fait ? c'est un dîner ! il est vrai qu'aujourd'hui, il s'agit d'une réputation toute faite ! mais c'est égal ! ça consolide ; deux cents personnes ! à vingt francs par tête ! comme ça sonne !... comme c'est musical !...

TROTTFORT.

Un instant !... il y a moins d'exécutans que vous ne pensez !

BIFFTEAKINI.

Ah ! mon Dieu ! combien en manque-t-il ?

TROTTFORT.

Une soixantaine !

BIFFTEAKINI.

Une soixantaine !... les barbares !... Il n'y a plus de goût en France ! soixante louis qu'ils me font perdre !... Ça dérange tout un morceau d'ensemble !... Madeleine... Madeleine...

SCÈNE IV.

Les Mêmes, MADELEINE.

MADELEINE.

Qu'est-ce que c'est... mon père ?

BIFFTEAKINI.

Changement de mesure !... Ote soixante couverts !... Qu'on dise encore que Paris est l'asyle des beaux-arts ! j'en suis honteux pour mes compatriotes ! Ote cent vingt bouteilles...

MADELEINE.

Pourquoi donc !

BIFFTEAKINI.

Pourquoi donc ! je te dis soixante musiciens de moins. Ote cent vingt bouteilles... deux par tête ce n'est pas trop !...

MADELEINE.

Ah ! ça, mon père ! pourquoi tout ce remue-ménage.

BIFFTEAKINI.

Pourquoi ! je ne veux pas seulement te le dire ; elle ne me comprendrait pas ! Croiriez-vous, monsieur, que j'ai fait tout au monde pour cette enfant là ! je me suis ruiné pour lui donner une éducation au-dessus de son état... je l'ai mise pendant trois mois cuisinière chez un professeur du Conservatoire... Eh bien, elle n'a jamais pu mordre à la musique... elle n'est bonne qu'à la cuisine !

MADELEINE.

J'y suis née... je veux y rester!

BIFFTEAKINI.

Vous l'entendez! il n'y a pas moyen de l'en faire sortir, après trois mois de solfège, elle a plus vite fait une sauce qu'une roulade...

MADELEINE.

Qu'est-ce qu'ils m'ont appris à votre Conservatoire ? m'ont-ils donné de la voix ?

BIFFTEAKINI.

Ils ne t'en ont pas donné... parce que tu n'en avais pas !

MADELEINE.

Eh bien ! alors, comment voulez-vous que je chante ? Faites donc une omelette sans œufs !...

BIFFTEAKINI.

Dieu !... quand je t'entends parler comme ça ! Moi aussi j'ai fait la cuisine, et ça ne m'empêche pas de songer à la musique ! je tourne la broche le matin, et le soir je vais aux Bouffes... avec des billets gratis, que j'achète à moitié prix !... Ah ! quel plaisir ! ou pour mieux dire : que piacere quand je vois la *Gazza ladra*, ou *Tancredi*, ou *il Bar-*

bière di Siviglia; le lendemain je n'en travaille que mieux!... je me sens inspiré, et je fais une musique vocale et instrumentale... Tra la là, etc.

TROMBONINI.

Ah ça, M. Trottefort, avez-vous songé aux toasts?

TROTTFORT.

Il faut nous les distribuer, moi, je prends Paesiello!...

TROMBONINI.

Moi, je prends Mozart.

TROTTFORT.

Et Grétry...

BIFFTEAKINI.

Ce n'est pas la peine! petite musique.

BONNEFOI.

Et moi qui n'en ai pas... si je le prenais?

TROTTFORT.

On vous en donnera un autre.

BIFFTEAKINI.

Eh bien! prenez M. Gluck! Est-il pris, le chevalier Gluck? je vous conseille de prendre le chevalier Gluck...

BONNEFOI.

Est-ce un bon? m'assurez-vous que c'est un bon?... Et puis vous me direz quand il faudra crier bravo!...

TROTTFORT.

Sans doute... je vous marcherai sur le pied... nous porterons la santé de notre illustre convive... et lui... en portera bien d'autres.

TROMBONINI.

Air *de Julie.*

Ami des arts et de la gloire,
Dans un banquet il a déjà porté
La santé du Conservatoire.

TROTTFORT.

Il a bien fait, en vérité!
De pareils vœux sont loin d'être perfides,
Tel, dans son voyage à Paris,
Le Czar Pierre buvait jadis
A la santé des invalides!...

TROTTFORT.

Rentrons, et tenons-nous prêts au premier signal!...

BIFFTEAKINI.

Air *de ma tante Aurore.*

Dans Paris dès qu'il entrera
Nous viendrons offrir la couronne;
De tous côtés il entendra
Et le tambour et la trombonne!
　　Chacun criera:
　　Brava, brava,
　　Adopté
　　A l'unanimité!

TOUS.

Dans Paris dès qu'il entrera, etc.

SCÈNE V.

MADELEINE, *seule.*

Qu'est-ce qu'ils ont donc?... je n'y comprends rien!... Est-il drôle, mon père? toujours les concerts... toujours de la musique... je ne vois pas que ce soit si nécessaire à notre auberge... Un traiteur n'est pas un chef d'orchestre.

Air: *Adieu, je vous fuis, etc.*

En vérité c'est un abus
I'n'pourra pas garder d'pratique;
Il fait payer cher... et de plus
Il leur fait entend' d'la musique:
C'est trop d'moitié... chez les traiteurs,
On n'a jamais vu d'chos's pareilles
Faut écorcher les voyageurs,
Faut pas écorcher leurs oreilles.

SCÈNE VI.

MADELEINE, GIRAUD.

MADELEINE.

Eh! mais, qui vient là?... et quel est ce jeune voyageur! voudrait-il entrer chez nous?...

GIRAUD.

Ma belle enfant... une chambre, un lit... et un dîner, si c'est possible... car je tombe de fatigue et de faim.

MADELEINE.

Eh! mais il me semble reconnaître... je ne pourrais pas dire votre nom... mais je crois vous avoir vu au Conservatoire... où j'ai été pendant quelques semaines.

GIRAUD.

Eh! oui... je suis un élève... Giraud... qui a eu le premier prix.

MADELEINE.

Mais, on disait que vous aviez du talent?

GIRAUD.

Bah! est-ce qu'on en a, quand on est de l'école française?... J'ai un opéra en portefeuille... mais on n'en a pas voulu, parce qu'on m'appelle Giraud... Giraud... vous entendez bien que ce n'est pas un nom à succès... Comment peut-on faire de la bonne musique quand on s'appelle Giraud... et qu'on est né rue Saint-Martin... car j'en suis.

AIR : *Le Luth Galant.*

O vous pour qui la gloire a des appas,
Venez chez nous... elle est en nos climats,
Messieurs les étrangers, la France vous envie;
Des arts et des talens c'est la terre chérie;
Quel généreux pays! quelle belle patrie!
Pour ceux qui n'en sont pas.

Ma foi, prêt à mourir de faim... j'ai renoncé à la gloire... je me suis fait éditeur de musique... Ne pouvant faire paraître mes partitions, j'ai voulu faire publier celle des autres... J'avais formé une entreprise superbe... une entreprise nationale... la collection des opéras français de tous nos meilleurs compositeurs.

MADELEINE.

En effet... c'était là une belle idée.

GIRAUD.

Ah! bien oui... cinquante souscripteurs seulement auraient assuré le succès de mon entreprise... je gagnais vingt-cinq mille francs... Eh bien, à Paris, pas un seul n'a répondu à l'appel; et j'attends encore que le premier souscripteur se présente.

MADELEINE.

Et dans les départemens?

GIRAUD.

J'en conviens... c'est encore pis... Est-ce que tu crois que les artistes de Bordeaux s'abaissent à chanter *Grétry*, *Bioeldieu*, *Berton*, *Auber*?... Du tout... c'est comme le vin de crû... on se garderait bien d'y toucher... A Bordeaux, on ne boit que du Champagne... et *vice versâ*.

MADELEINE.

Qu'est-ce qu'il leur faut donc?

GIRAUD.

De la musique italienne... le Barbier de Séville, et les Folies amoureuses, arrangées par *Castil-Blaze*; c'est ce qui fait que je reviens comme j'étais parti... mes programmes dans ma poche.

MADELEINE.

Allons, allons, calmez-vous... la réputation, et la fortune sont peut-être plus près de vous que vous ne croyez... ça vient souvent quand on y pense le moins...

GIRAUD.

C'est ce que me disait, tout à l'heure, un étranger, homme d'esprit, avec qui j'ai déjeûné à la dernière poste... c'est un Italien, qui se rend à Paris... le signor Rossini.

MADELEINE.

Je ne connais pas...

GIRAUD.

Tant pis pour toi... Depuis que je l'ai vu, j'estime autant sa personne que ses ouvrages.

Air : *Quand l'amour naquit à Cythère.*

>Rien n'égale sa modestie,
>Il ne parle jamais de lui ;
>Il sait honorer le génie,
>Il rend hommage à *Méhul*, à *Grétry*,
>De ses prôneurs blâmant l'extravagance,
>Il applaudit à nos succès,
>Et du moins quand il est en France,
>Il a l'esprit d'être Français.

Nous étions ensemble à causer, lorsque le maître d'auberge est venu, selon l'usage, nous demander nos passeports... chacun de nous a donné le sien... qu'il a fait viser et qu'il nous a rapporté... pressé de partir... j'ai pris le mien à la hâte... j'ai salué mon aimable étranger, qui attendait sa voiture, et j'ai continué jusqu'ici ma route à pied... aussi, je ne serai pas fâché de me reposer en dînant..

MADELEINE.

Dans l'instant, vous allez être servi... mais j'entends mon père.

SCÈNE VII.

Les Mêmes, BIFFTEAKINI.

BIFFTEAKINI.

Eh bien, Madeleine : eh bien, ma fille, où en êtes-vous... A-t-on jamais vu perdre son temps à causer ici.... tandis que les entremets réclament votre présence.

MADELEINE.

Mais, mon père... c'est que Monsieur demandait une chambre.

BIFFTEAKINI.

On va la lui donner. . Rentrez à l'office, et n'en sortez pas... Songez qu'il s'agit ici des entremets de douceur.

MADELEINE.

Soyez tranquille...

BIFFTEAKINI.

Nous aurons aujourd'hui une foule d'auteurs distingués... et je veux au dessert offrir à chacun d'eux, une surprise de circonstance, analogue à leur genre de talent... Un bouquet aux auteurs des *Rosières*... une galette aux auteurs du *Chaperon*, et un fromage glacé aux auteurs de la *Neige*.

Madeleine sort.

SCÈNE VIII.

BIFFTEAKINI, GIRAUD.

BIFFTEAKINI.

Voyons, Monsieur, dépêchons, car j'ai du monde, et je ne sais où donner de la tête... Monsieur veut-il à dîner?

GIRAUD.

Oui, Monsieur.

BIFFTEAKINI.

Une singulière tournure, pour venir un jour comme celui-ci... Monsieur veut une chambre... une chambre à lit... monsieur passe ici la nuit à ce que je vois.

GIRAUD.

Appartement...

BIFFTÉAKINI.

Monsieur connaît les lois et les réglemens... et a sans doute son passeport?

GIRAUD.

Le voici, monsieur... Je suis en règle... Quelle drôle de physionomie... voilà un traiteur dont la tête... (*regardant*) il a bien fait de se loger à la barrière de Charenton... il aura moins loin à aller.

BIFFTEAKINI, *qui a lu le passeport.*

Ah! mon dieu! (*il examine Giraud*) Il se pourrait!...

GIRAUD.

Eh! bien, qu'a-t-il donc... Est-ce que cela se déclare?

BIFFTEAKINI, *lisant le passeport à voix basse.*

Le signor Rossini, compositeur italien se rendant à Paris... C'est bien cela... Ce que disait M. Trottfort... il doit arriver à pied, incognito... Et sans moi, pourtant... quel heureux hasard! messieurs, messieurs... *Che gusto! che piacere!...* (*à Giraud*) Monsieur, dans l'instant je reviens... (*Courant vers l'auberge*) Bravo, bravo... messieurs... messieurs... *Cari amici « nel cor più non mi sento. »* (*Il sort en courant et en chantant.*)

SCÈNE IX.

GIRAUD *seul.*

J'ai deviné juste... il est fou... Cette pauvre petite fille!... J'en suis fâché pour elle... mais je n'ai pas envie de rester ici... Il ne manque pas d'auberges dans Paris... et je m'en vais... Hein! qu'est-ce que c'est que cela?...

SCÈNE X.

GIRAUD, TROMBONINI, TROTTFORT, BONNEFOI, BIFFTEAKINI.

TOUS.

Chœur de la Gazza Ladra.

Jour de plaisir, de bonheur et d'ivresse,
Noble étranger te voilà parmi nous;
Laisse éclater nos transports d'allégresse.
Ah! pour nos cœurs que ce moment est doux!

GIRAUD.

C'est fini... c'est une députation de Charenton.

TROMBONINI.

Ah! monsieur... quel beau jour pour nous!

GIRAUD.

Aurais-je l'honneur d'être connu de vous?

Le grand dîner. 2.

TROTTFORT.
Non, monsieur... mais c'est égal.

GIRAUD, à part.
Il est sûr qu'en l'absence du gardien, ils auront fait une sortie en masse, (*haut*) messieurs... vous êtes bien bons... bien aimables... Mais, je vous prie de me laisser continuer ma route.

BIFFTEAKINI, à part.
Eh! bien, oui... il ne sait pas ce qui l'attend... (*bas à Trottfort*) parlez-lui donc italien.

TOUS.
Ah! signor! che contento!... Che allegrezza!

GIRAUD.
A! ça, messieurs, à qui en avez-vous donc?

TROMBONINI.
Nous savons que vous voulez garder l'incognito... mais nous ne le trahirons pas... nous le respecterons... Les arts... les beaux-arts... je les adore jusques dans leurs caprices.

TROTTFORT.
D'ailleurs, nous n'attendions pas sitôt... Nous ne sommes pas tous réunis.. et jusqu'à ce moment...

GIRAUD.
Ah! ça, messieurs, expliquons-nous. Je suis M. Giraud.

TROMBONINI.
Ah! vous êtes M. Giraud... Eh! bien, à la bonne heure... si vous voulez...

GIRAUD.
Comment, si je le veux...

TROTTFORT.
Autant celui-là qu'un autre.

BIFFTEAKINI.
Parbleu! qu'est-ce que ça nous fait, qu'il s'appelle Giraud. (*il montre le passeport qu'il tient*) J'ai là la partition.

TROTTFORT.
Tout ce qu'on vous demande, monsieur, c'est de nous laisser faire... Le dîner sera superbe.

GIRAUD.

Comment le dîner !... on dîne donc chez vous !... ah ! dès qu'on dîne, arrivera ce qui pourra... ça m'est fort égal...

TROTTFORT.

Voilà tout ce qu'on vous demande ; d'assister à un dîner magnifique.

BIFFTEAKINI.

Il est là.

TROTTFORT.

Avec des femmes charmantes.

BIFFTEAKINI.

Elles sont commandées...

TROTTFORT.

Des vins exquis !

BIFFTEAKINI.

Ce sont les miens.

TROTTFORT.

Une musique délicieuse...

BIFFTEAKINI.

C'est la sienne.

TROMBONINI.

Un sonnet italien... La traduction, la déclamation... tous les plaisirs... Il ne vous en coutera rien, que la peine de nous écouter.

GIRAUD, *à part.*

Je ne sais pas s'il ne vaudrait peut-être pas mieux payer... (*haut*) Enfin, messieurs, puisque vous l'exigez...

TROMBONINI.

Il accepte, messieurs... il accepte.

TROMBONINI.

Eh vite... accélérez vos convives et vos fourneaux... Je me charge de lui tenir compagnie ; et de lui donner une certaine idée de la politesse, et de l'urbanité parisiennes.

BONNEFOI.

Dieu ! l'ai-je assez regardé !... Je vais dire à tout le monde que je l'ai vu.

CHŒUR.

Jour de plaisir, de bonheur et d'ivresse!
Noble étranger, te voilà parmi nous,
Laisse éclater nos transports d'allégresse,
Ah! pour nos cœurs que ce moment est doux!

(*Ils sortent.*)

SCÈNE XI.

GIRAUD, TROMBONINI.

GIRAUD.

Puis-je du moins savoir à qui je dois une pareille réception?

TROMBONINI.

Quoi!... vous daignez vous informer de mon nom?... (*à part*) S'il fait une relation de son voyage, me voilà sûr d'y figurer...(*haut*) M. Trombonini... musicien amateur, c'est mon plus beau titre... Du reste directeur d'une administration...

GIRAUD, *à part.*

Ah! ça décidément, ce n'est donc pas un fou (*haut*) Comment, M. vous êtes ce M. Trombonini... ce protecteur des arts dont j'ai entendu parler.

TROMBONINI.

Il se pourrait! on vous a parlé de moi?...

GIRAUD.

Oui, monsieur... (*à part*) Si je le priais de souscrire... ça m'en ferait toujours un... (*haut*) Ce que j'ai à vous demander va peut-être vous étonner.

TROMBONINI.

M'étonner... monsieur, m'étonner!... certainement c'est vous qui êtes habitué à l'étonnement.(*à part*) S'il entend le français, il doit avoir compris le compliment... (*haut*) Je vous demande pardon de vous avoir interrompu... vous disiez, monsieur...

GIRAUD.

Que dans l'intérêt des arts, j'avais voulu former une entreprise... Une collection de tous les opéras français, et, si j'osais vous prier d'être un de mes souscripteurs.

TROMBONINI.

Moi !... quel honneur !... Donnez, donnez, monsieur, nos convives sont là... il faudra bien qu'ils suivent mon exemple... Ce soir, je vous promets cent cinquante souscripteurs... et mon administration donc... je les ferai tous souscrire... il le faudra... Une retenue sur les appointemens... Les arts... les beaux-arts... je ne connais que cela.

GIRAUD.

Ah! mon dieu !... me voilà trois fois plus riche que je n'espérais... Mais je ne reviens pas de votre obligeance ; et je ne puis concevoir que pour un étranger...

TROMBONINI.

Un étranger... monsieur !... Raison de plus... qu'il est doux d'être le protecteur, le Mécène d'un talent, qui certainement n'en a pas besoin... Voilà les gens qu'on aime à protéger... Je cours rejoindre ces messieurs...

GIRAUD.

Et si, en même temps, on pouvait hâter le repas... car, malgré le plaisir que j'éprouve... je sens là un creux d'estomac...

TROMBONINI.

Qu'allions-nous faire... Holà quelqu'un.

SCÈNE XII.

Les Mêmes, BIFFTEAKINI.

TROMBONINI, *Biffteakini*.

Eh, vite, mon ami, dépêchez-vous... Un potage pour monsieur... Jugez donc si par notre faute un pareil talent allait tomber en faiblesse.

BIFFTEAKINI.

Vous avez raison... Je le soutiendrai mieux que personne... (*Otant son bonnet et s'approchant respectueusement*) Est-il vrai, que monsieur, me fait l'honneur d'avoir faim ?

GIRAUD.

Oui... mon cher... et si vous voulez me faire servir un potage...

BIFFTEAKINI.

Vous le faire servir... Diable ! je le servirai bien moi-même... mais que pourrai-je vous offrir ?

GIRAUD.

Un bouillon.

BIFFTEAKINI.

Du tout... ce n'est pas assez.

TROMBONINI.

Eh ! bien... Un riz , un vermicelle... une julienne...

BIFFTEAKINI.

Non pas, je m'en garderai bien... j'en veux faire un tout exprès...

GIRAUD.

A la bonne heure; mais dépêchez-vous...

TROMBONINI.

Et moi, je vais faire signer notre souscription.

Il sort.

BIFFTEAKINI.

Je vais, selon mon habitude, me mettre à l'ouvrage en chantant... ce ne sera pas long... (*à part*) Sur quel air ferai-je ce potage-là ?... sur la Cavatine de Tancredi.... Tra, la, la, la, la, etc.

GIRAUD.

Eh ! bien, mon ami, je vous attends.

BIFFTEAKINI.

Soyez tranquille... j'ai l'idée... (*à Trombonini*) J'appellerai cela, un potage à la Rossini... je le porterai sur ma carte, à un franc cinquante pour tout le monde; et pour les artistes la remise d'un tiers comme pour la musique (*à Giraud*) Dans l'instant... dans l'instant je vais vous servir.

Il sort.

SCÈNE XIII.

GIRAUD, seul.

Je ne puis en revenir encore... cent cinquante souscripteurs... voilà une fortune assurée... Eh bien... ce matin j'étais injuste... j'avais tort, quand je disais qu'on ne donnait à Paris aucun encouragement aux artistes français.

SCÈNE XIV.

GIRAUD, MADELEINE.

MADELEINE.

Ah! ah! ah! mon Dieu!... qu'ils sont amusans!... et j'en rirai long-temps.

GIRAUD.

Qu'as-tu donc?

MADELEINE.

Ces Messieurs, qui sont là dedans, on vient de leur proposer votre souscription.

GIRAUD.

Eh? bien?...

MADELEINE.

A l'instant tous se sont précipités sur le papier, qui est déjà tout couvert de signatures.

GIRAUD.

Ces bons Parisiens! sont-ils nobles et généreux!

MADELEINE.

Oh! rassurez-vous... ce n'est pas pour vous ce qu'ils en font.

GIRAUD.

Comment cela?

MADELEINE.

Oh! non... ce que vous ne savez pas, et ce que j'ai entendu, c'est qu'ils vous prennent pour ce M. Rossini dont vous parliez ce matin.

GIRAUD.

Qu'est-ce que tu me dis-là ?

MADELEINE.

Oh! vous auriez beau soutenir le contraire, ils ne voudraient pas vous croire.

GIRAUD.

Tout s'explique ; et je vois maintenant d'où venait mon mérite... mais cela ne durera pas long-temps.

MADELEINE.

Où courez-vous ?

GIRAUD.

Restituer un nom qui ne m'appartient pas.

Air : *De la sentinelle.*

A ce triomphe honorable et flatteur,
Comme il le doit mon orgueil est sensible,
Mais trop long-temps a duré cette erreur,
La prolonger me serait impossible :
Oui, quelquefois un intrigant
Peut bien, par une audace insigne,
Se parer des plumes du paon,
Mais il ne peut en nous trompant
Contrefaire le chant du cygne.

MADELEINE.

C'est ça une belle idée... Attendez au moins... que la souscription soit remplie.

GIRAUD.

Du tout... je ne veux pas leur dérober une signature.

MADELEINE.

Comment... leur dérober... n'est-ce pas une belle entreprise ?

GIRAUD.

Tous nos chefs-d'œuvres nationaux.

MADELEINE.

N'en auront-ils pas pour leur argent ?

GIRAUD.

Oui, certes.

MADELEINE.

Eh! bien, alors laissez-les faire... et, en attendant, n'ayez aucun scrupule de recevoir des complimens et des éloges pour un autre; car ils vont vous en donner, et joliment. Tenez.... voilà déjà mon père qui vous apporte un consommé.

GIRAUD.

J'en demande pardon à celui que je représente; mais celui-là, je le prendrai pour moi.

SCÈNE XV.

Les Précédens, BONNEFOI, BIFFTEAKINI, *apportant un potage.*

BIFFTEAKINI.

Voici... voici...

BONNEFOI.

Voyons... On dit qu'il va prendre un potage... il faut que je le voie...

BIFFTEAKINI.

J'espère que le goût du grand maître appréciera une pareille composition... (*pendant que Giraud prend le potage*) Doucement... doucement... commençons par l'andante...(*après qu'il a bu*) Eh bien, qu'en dites-vous?

GIRAUD, *faisant signe des mains.*

Bravo, bravo!...

BIFFTEAKINI.

Dieu! quel honneur!... Rossini m'a applaudi...

BONNEFOI.

Ah! comme il a pris son potage!

BIFFTEAKINI.

Ah! Monsieur, si j'osais solliciter une nouvelle grâce... une nouvelle faveur, qui ne vous coutera rien, et qui fera ma fortune.

GIRAUD.

Parlez... je suis à vos ordres.

BIFFTEAKINI.

Eh! bien, Monsieur... vous, qui mettez tout

sique... (*tirant un grand papier de sa poche*) Si vous y pouviez mettre ma carte de traiteur... jugez quelle affluence !... (*écoutan'*) silence.

GIRAUD.

Qu'est-ce que c'est ?

BIFFTEAKINI.

Tous nos convives qui entrent dans le salon où ils se réunissent, pour venir de là vous prendre en grande députation.. Chacun est forcé de présenter son billet d'invitation ; excepté les compositeurs français que l'orchestre s'est chargé d'annoncer par un de leurs airs.... c'est un passe-port en musique... Voici la marche qui commence...

MADELEINE.

Écoutons.... nous allons les reconnaître....
(*L'orchestre joue : Ah ! vous avez des droits superbes, (du Nouveau Seigneur.*)

GIRAUD.

Au fait : celui-là a bien des droits pour marcher en tête. (*L'orchestre joue la Tyrolienne, d'Emma.*) En voilà un qui le suit de près. (*L'orchestre joue l'air : me voilà, me voilà, de la Clochette.*)

MADELEINE.

Encore un gaillard qui arrivera, car il va bon pas....
(*L'orchestre joue la marche des Tartares, de Lodoïska.*)

BIFFTEAKINI.

J'ai fait des anguilles à la tartare sur cet air là. (*L'orchestre joue l'air : Enfans de la Provence, d'Aline.*)

GIRAUD.

Celui-là ferme la marche.... aux derniers les bons.)

BIFFTEAKINI.

Vous avez raison : je vais me mettre à la fin du cortége.

GIRAUD.

Est-ce que vous osez vous mêler aux compositeurs que vous venez d'entendre ?

BIFFTEAKINI.

Eh! non...... les compositeurs restent dans le salon, à vous attendre..... Ceux qui vont venir vous chercher ne sont que des amateurs.... comme moi...

GIRAUD.

Alors, je reste.

SCÈNE XVI.

TROMBONINI, TROTTFORT, BONNEFOI, *Chœur d'Amateurs qui portent une grosse caisse, des cymbales, des bonnets chinois etc.; la marche est fermée par Biffteakini qui agite l'un contre l'autre deux couvercles de casserole.*

MARCHE.

Après la marche, Trombonini s'approche de Giraud, et lui dit en lui remettant un papier.

Voici votre souscription; et toutes les signatures de ces messieurs... (*aux musiciens*) Messieurs, prenons place... messieurs les musiciens, couvrez-vous de peur des rhumes.

TROTTFORT.

AIR : *Ça n'dur'ra pas toujours.*

Quel est le grand génie
Dont les chants aujourd'hui
Feraient pâlir d'envie,
Et Mozart et Gretry?

TOUS EN CHOEUR.

C'est le grand Rossini
Le divin Rossini.

GIRAUD, *à part.*

Dieu quel bonheur pour lui
Qu'il ne soit pas ici.

2ᵉ. Couplet.

TROTTFORT.

Qui produit des miracles?

TOUS.
C'est le grand ROSSINI.
TROTTFORT.
Qui remplit nos spectacles ?
TOUS.
Le divin Rossini ;
Oui c'est lui, mes amis.
MADELEINE.
Quell' musiqu' et quel cris.
(*Elle sort.*)
GIRAUD, *à part.*
Ah ! quel bonheur pour lui
Qu'il ne soit pas ici.

3ᵉ. Couplet.
TROTTFORT.
Qui tient le rang suprême ?
TOUS.
C'est le grand ROSSINI.
TROTTFORT.
Qui soutient un poëme ?
TOUS.
Le divin ROSSINI.
(*Tous tirant des manuscrits de leur poche et les présentant à Giraud*)
Daignez prendre ceux-ci.
GIRAUD.
Grands dieux ! comme en voici !
Ah ! quel bonheur pour lui
Qu'il ne soit point ici.
TOUS EN CHŒUR.
C'est le grand ROSSINI,
Le divin ROSSINI,
Amphion ROSSINI,
Apollon ROSSINI.

A la fin de ce chœur, les acteurs forment un groupe autour de Giraud, Trombonini lui met une couronne sur la tête, Biffteakini baise avec transport le bas de son habit, et tous les autres témoignent leur respect et leur admiration par divers gestes.

SCÈNE XVII ET DERNIÈRE.

Les Mêmes, MADELEINE.

MADELEINE.

Eh! bien... eh! bien, messieurs, qu'est-ce que vous faites donc là ?... Voilà Rossini qui entre dans Paris en chaise de poste.

TROTTFORT.

Qu'est-ce que cela veut dire?

MADELEINE.

Que, pendant que vous étiez ici, barrière de Charenton, il entrait par la barrière d'Italie.

TROMBONINI.

Comment est-ce que monsieur n'est pas un musicien italien ?

GIRAUD.

Au contraire, je suis du conservatoire.

TROMBONINI.

Surprendre ainsi notre admiration.

BONNEFOI.

Moi, qui étais fatigué d'enthousiasme !

GIRAUD.

Je vous en demande bien pardon.. Et quant à cette souscription qui prouve votre amour pour les beaux-arts... j'espère que vous n'en ferez pas un crime à un Français... à un compatriote.

TROMBONINI.

Non certainement... (*à part*) Mais si je l'avais su.

GIRAUD.

AIR : *A soixante ans.*

Celui dont le nom tutélaire
M'a procuré des honneurs aussi grands,
Ne m'en voudra pas je l'espère
D'avoir usurpé cet encens ;

Je ne crois pas que lui-même s'honore
Des complimens que l'engoûment dicta;
Il est déjà bien assez riche encore
En n'acceptant que ceux qu'il mérita.

Quant au repas de M. Biffteakini... Modestie à part, j'ose me flatter que j'y ferai autant d'honneur qu'aucun artiste vivant.

BIFFTEAKINI.

Comme c'est amusant!... Un repas fait pour un Italien.

MADELEINE.

Eh! bien ne faut-il pas que tout le monde vive !

VAUDEVILLE.

Air : *Tra, la, la.*

MADELEINE.

Chez vingt peuples différens
Vous qui cherchez des talens,
Messieurs qu'avez-vous besoin
D'en aller chercher si loin ;
   Restez donc (*bis.*)
Eh ! messieurs, où courez-vous?
   Restez donc, (*bis.*)
Vous trouverez ça chez nous.

GIRAUD.

Alors que sous nos drapeaux
Nous comptons tant de héros,
Des Prussiens et des Anglais
Vous nous vantez les hauts faits;
   Restez donc, (*bis*)
Et pourquoi si loin courez-vous?
   Restez donc, (*bis*)
Nous avons mieux qu'ça chez nous.

BONNEFOI.

Quand nous avons *Girodet*,
Gros, *Gérard*, *Carle-Vernet*,
On vante Monsieur Croûton,
S'il débarque d'Albion;
   Restez donc, etc.

TROMBONINI.

Lorsque vous avez TALMA,
Surtout lorsque MARS est là,
Vous regrettez, bon public,
Monsieur KEAN; monsieur GABRICK,
    Restez donc, (*bis*)
Pourquoi si loin courez-vous?
    Restez-donc (*bis*)
Nous avons mieux qu'ça chez nous.

TROTTFORT.

Vous qui chez les Allemands
Pillez d'ennuyeux romans,
Vous qui prenez aux Anglais
Des mélodrames mauvais,
    Restez donc, (*bis*)
Pourquoi si loin courez-vous?
    Restez donc, (*bis*)
Vous trouverez ça chez nous.

BIFFTEAKINI.

Braves bourgeois, bons maris,
Qui le dimanche, à Paris
Chez MOLIERE vous pressez,
Pour voir des maris... vexés,
    Restez donc (*bis*)
Pourquoi si loin courez-vous?
    Restez donc, (*bis*)
Vous trouverez ça chez vous.

MADELEINE, *au public*.

O vous, critiques malins,
Courez tous chez nos voisins;
O vous, public indulgent,
Pour qui l'zèle est du talent;
    Restez donc, (*bis*)
Oui, nous vous en prions tous,
    Restez donc, (*bis*)
Vous trouverez ça chez nous.

FIN.

Le Libraire POLLET *est Éditeur des Pièces ci-après :*

LA PARTIE FINE, ou le Ménage du Marais, vaudeville en un acte de MM. Carmouche et de Courcy.... 1 25

MICHEL ET CHRISTINE, vaudeville en 1 acte, de MM. Scribe et Dupin........ 1 50

LA DEMOISELLE ET LA DAME, ou Avant et Après, comédie-vaudeville en un acte, par MM. Scribe, Dupin et F. de Courcy.... 1 50

LE CHATEAU DE KENILWORT, mélodrame en 3 actes, par MM. Boirie et Lemaire............ 1 «

PAOLI, ou les Corses et les Génois, mélodrame en 3 actes, par M. Frédéric. 1 «

L'ERMITE ET LA PÉLERINE, vaudeville, en un acte, par MM. Merle, Carmouche et de Courcy.... 1 «

L'INCONNU, ou les Mystères, mélodrame en 3 actes, par MM. Boullé, Mathias et Varez......... 1 «

LES FIANCÉS TIROLIENS, ou les deux Bouquets, comédie en un acte, mêlée de couplets, par MM. Dubois et Brazier........... 1 »

LE MEURTRIER, ou le Dévoûment filial, mélodrame en 3 actes, à grand spectacle, par MM. Edmond Crosnier et Saint-Hilaire. 1 «

LES DEUX FORÇATS, ou la Meûnière du Puy-de-Dôme, mélodrame en trois actes, par MM. Boirie, Carmouche et Poujol...... 1 25

LA PAUVRE FAMILLE, mélodrame en 3 actes, par MM. Benjamin et Melchior. 1 25

LES ENSORCELÉS, ou les Amans ignorans, vaudeville en 1 acte, de MM. Dupin et Sauvage............ 1 «

LE CUISINIER DE BUFFON, vaud. en 1 acte, par MM. de Rougemont, Merle et Simonin.......... 1 25

VALÉRIEN, ou le jeune aveugle, drame en 2 actes, par MM. Carrion-Nisas et T. Sauvage.......... 1 «

LE CONCERT DE VILLAGE, folie-vaudeville en 1 acte, par MM. Charles Hubert et Prosper Mars...... 1 «

LE PAUVRE BERGER, mélodrame historique en 3 actes, par MM. Daubigny, Carmouche et Hyacinthe. 1 »

BARBE BLEUE, folie-féerie en 2 actes, mêlée de chants, précédée d'un Coup de Baguette, prologue en 1 acte, par MM. Frédéric et Brazier.... 1

L'AUBERGE DES ADRETS, mélodrame en 3 actes, par MM. Benjamin, St-Amand et Polyanthe....... 1

LES PRÉCAUTIONS DE MA TANTE, vaud. en 1 acte, par MM. Décour et Ch. Hubert........... 1

LE CONTREBANDIER, mélodrame en 3 actes, par MM. Crosnier et Dupuis..... 1

LES GRISETTES, vaudeville en 1 acte, par MM. Scribe et Dupin,......... 1 50

LE JOUEUR D'ORGUE, mélodrame en 3 actes, par MM. Auguste et Rigaud... 1

LA VÉRITÉ DANS LE VIN, vaud. de MM. Scribe et Mazères..... 1 50

LE RETOUR, ou la suite de Michel et Christine, vaud. en 1 acte, par MM. Scribe et Dupin........ 1 50

LE DERNIER JOUR DE FORTUNE, vaudeville par MM. Dupaty et Scribe. 1 50

RODOLPHE ou Frère et Sœur, drame, par MM. Scribe et Mélesville. 1 50

LISBETH, ou la Fille du laboureur, mélodrame en 3 actes, de M. V.Ducange, tiré de Léonide, ou la vieille de Surène, du même 1 »

Sous presse :

LES INVALIDES, ou cent ans de gloire, tableau militaire en 2 actes.

www.ingramcontent.com/pod-product-compliance
Lightning Source LLC
Chambersburg PA
CBHW060725050426
42451CB00010B/1623